Inhalt

Gefährliche Klippen

Es war ein schöner Sommertag, und die Pfadfinder machten einen Ausflug nach Pontypandy-Eiland. Trevor Evans wollte dort mit Sarah, James, Mandy und Norman Vögel beobachten.

Ausnahmsweise war auch Hubschrauberpilot und Vogelexperte Tom Thomas mit von der Partie. Voller Stolz hielt er sein Handy hoch. „Ich möchte euch heute meine brandneue Vogelbeobachtungs-App vorführen. Damit muss man nur ein Foto von einem Vogel machen, und dann erfährt man in der App, wie er heißt, wo er lebt und was er frisst", verkündete Tom begeistert. „Lasst uns das gleich mal ausprobieren!"

Zur gleichen Zeit unterrichtete Tierärztin Lizzie auf der Feuerwache Feuerwehrmann Sam und seinen Kollegen Elvis in Erster Hilfe für Tiere. „Kommen wir jetzt zu einem ganz wichtigen Punkt unserer Tierrettungsübung: Ihr werdet heute an Schnuffi lernen, wie man einem Tier einen Verband anlegt. Dafür muss Schnuffi zunächst einmal ganz still halten“, erklärte sie. Doch Schnuffi dachte gar nicht daran. „Wuff!“, machte der junge Feuerwehrhund und sprang mit einem Satz davon.

„Halt, Schnuffi, bleib stehen!“, riefen Sam und Elvis und liefen ihrem Hund hinterher. Aber Schnuffi wollte sich nicht wieder einfangen lassen. Wild sprang er zwischen seinen beiden Herrchen hin und her und stürmte dann ganz davon. Sam und Elvis wollten ihn mit ein paar Leckerli gerade suchen gehen, als eine freundliche Frauenstimme erklang.

„Ist das euer Hund?“, fragte die junge Frau mit dem langen braunen Zopf lächelnd, während sie Schnuffi fest im Arm hielt.

Sam nickte erleichtert und nahm ihr den Hund behutsam ab.

„Ich bin übrigens Krystyna, und ich suche Tom Thomas“, stellte sich die Frau vor.

Tom durchstreifte währenddessen Pontypandy-Eiland auf der Suche nach den besten Motiven für seine Vogelbeobachtungs-App. Doch die Vögel am Strand flogen schneller übers Meer davon, als er sie mit dem Handy erwischen konnte. Endlich! … Da saß eine Möwe auf einem Stein. Erwartungsvoll richtete Tom die Kamera auf sie. Aber da spannte die Möwe auch schon ihre Flügel auf und hob ab.

„Warte nur, diesmal kriege ich mein Foto!“, schwor Tom und stolperte der fliegenden Möwe mit dem Handy in der ausgestreckten Hand hinterher.

Tom hatte seinen Blick fest auf die Möwe in der Luft gerichtet und schaute gar nicht mehr auf den Boden. Daher bemerkte er nicht, dass er sich mehr und mehr den Klippen näherte.

„Vorsicht, Tom!“, warnte Trevor.

Doch es war zu spät! Tom machte einen Schritt zu weit nach vorn und stürzte mit einem lauten Schrei die Klippen hinunter. Entsetzt hielten die Pfadfinder den Atem an.

Trevor beugte sich besorgt über den Abgrund. *Puh,* Glück im Unglück gehabt! Tom hatte sich mit seinem Rucksack an einem Ast verheddert und hing an der Klippe fest. „Keine Angst, Tom! Ich rufe sofort die Bergrettung“, beruhigte ihn Trevor.

Sam nahm den Notruf entgegen.
„Tom baumelt an einem Ast über dem Abgrund der Klippen von Pontypandy-Eiland“, wiederholte Sam Trevors Meldung. Er runzelte die Stirn und dachte angestrengt nach. „Für den Einsatz bräuchten wir eigentlich Wallaby 2“, murmelte er.
„Aber wer außer Tom kann den Hubschrauber denn fliegen?“, wandte Lizzie ein und schaute ratlos in die Runde.
„Ich kann ihn fliegen“, bot Krystyna an. „Ich bin Pilotin und kenne Tom von der Flugschule.“
Sam nickte. „Sehr gut! Dann nichts wie los“, entschied er.

Ohne zu zögern, setzte sich Krystyna ans Steuer von Wallaby 2, während Sam und Elvis mit ihrer Bergretterausrüstung auf der Rückbank Platz nahmen.

„Alle Systeme startklar", meldete Krystyna, nachdem sie alles überprüft hatte.

„Flieg an der Küste entlang, Krystyna!", bat Sam.

„Verstanden", antwortete Krystyna und zog den Helikopter hoch in die Luft.

Auf Pontypandy-Eiland schauten die Pfadfinder staunend zum Himmel und konnten kaum glauben, was sie sahen.

„Wie kann das sein? Tom hängt hier unten fest, und da oben kommt Wallaby 2", wunderte sich Sarah und zeigte ungläubig auf den Helikopter.

Auch Tom riss vor Erstaunen die Augen auf, als er sah, wie sich über ihm am Himmel sein eigener Helikopter näherte. Wie war das möglich? Da öffnete sich auch schon die Luke, und Sam und Elvis seilten sich zu ihm ab.

„Halte durch, Tom! Wir haben dich gleich“, rief Sam ihm zu.

„Beeilt euch, der Ast knirscht schon! Er wird mich nicht mehr lange halten“, erwiderte Tom und blickte ängstlich nach oben. *Knacks!* Zum Glück bekam Sam Tom gerade noch rechtzeitig zu fassen, bevor der Ast brach.

Elvis hängte Tom blitzschnell in seinen Gurt ein. *Uff!* Tom war gerettet!

„Jetzt bist du in Sicherheit", sagte Sam und legte Tom beruhigend die Hand auf die Schulter.

„Und das alles nur wegen meiner Vogelbeobachtungs-App", meinte Tom

kopfschüttelnd. „Bitte entschuldigt den Ärger, den ich euch gemacht habe. Aber eine Frage habe ich trotzdem: Wer fliegt Wallaby 2?"

„Das wirst du gleich sehen, wenn wir gelandet sind", antwortete Sam lachend.

Kurz darauf setzte der Helikopter auf der Insel auf, wo die anderen schon gespannt warteten.

„Krystyna! Wie schön, dich wiederzusehen!“, strahlte Tom und umarmte seine Kollegin. „Sie war schon immer eine tolle Pilotin und eine gute Freundin“, erklärte er den anderen.
„Ja, sie hat wirklich ein Händchen für alles“, schwärmte Elvis. „Auch für Hunde.“
„Normalerweise fliege ich ja eher größere Flugzeuge, denn das ist mein Job“, sagte Krystyna.
„Könnten wir eine solche Top-Pilotin nicht gut als Verstärkung für unser Rettungsteam gebrauchen?“, schlug Tom vor.
„Unbedingt“, stimmte Sam zu. „Willkommen in unserem Team, Krystyna!“

Lauf, Norman, lauf!

Einmal im Jahr fand in Pontypandy ein Wettrennen für einen guten Zweck statt: der Pontypandy-Spaß-Spurt. Das gesammelte Startgeld sollte diesmal einem neuen Gehege für die Wildpferde zugutekommen. Polizeichefin Rose Ravani begrüßte deshalb ganz besonders Lizzie und ihr Pferd Prinz.

„Herzlich willkommen! Und danke an alle, die heute gekommen sind", sagte sie dann. „Die diesjährige Strecke führt wieder querfeldein, durch Wiesen, Felder und Wälder. Viel Glück!" Dann übergab sie das Wort an Mike Flood.

„Es kann losgehen", verkündete Mike.

Norman war schon ganz aufgeregt und trippelte von einem Fuß auf den anderen. „Jetzt kannst du zeigen, was wir im Training geübt haben“, sagte Hannah. „Aber ich bin die Strecke noch nie ganz zu Ende gelaufen“, seufzte Norman. „Heute wirst du es schaffen, glaub mir“, machte Hannah ihm Mut. Da ertönte über den Lautsprecher auch schon das Startsignal.

„Drei – zwei – eins – los!“, rief Feuerwehrfrau Ellie Phillips, die neben Mike am Pult saß und gemeinsam mit ihm das Geschehen kommentierte. Die Teilnehmer setzten sich in Bewegung. Schon bald übernahmen Jodie und Krystyna die Führung, während Norman immer weiter zurückfiel …

„Es geht nicht. Ich kriege fast keine Luft mehr“, keuchte Norman nach kurzer Zeit.

„Du musst ganz ruhig durch die Nase ein- und durch den Mund ausatmen, wie wir es geübt haben“, erinnerte ihn Hannah.

„Stimmt, das hatte ich völlig vergessen“, gestand Norman. Langsam fand er seinen Laufrhythmus.

„Genau so ist es perfekt“, lobte Hannah ihn.

„Danke, Hannah! Du kannst ab jetzt ruhig vorfahren, ich komme klar“, meinte Norman.

„Bist du sicher?“, vergewisserte Hannah sich.

„Ganz sicher“, bestätigte Norman. „Los, gib schon Gas, vielleicht holst du die anderen noch ein!“

Auf ihrem Bildschirm konnten Mike und Ellie verfolgen, wie Hannah tatsächlich immer schneller wurde. Mike griff zu seinem Mikrofon: „Es wird noch einmal spannend, liebes Publikum. Soeben hat Hannah Sparkes Dilys Price und Hauptfeuerwehrmann Steele überholt. Wird sie etwa auch noch …?“

Krrrk – krrrk – piiieeep! Erschrocken hielt Ellie sich die Ohren zu. Anstelle von Mikes Kommentar war aus den Boxen nur noch ein lautes Piepen zu hören. „Hm, irgendwas stimmt mit dieser Anlage nicht!“, murmelte Mike und drehte am Lautstärkeregler.

Doch das machte es nur noch schlimmer. Das Piepen wurde lauter und lauter, und in den Boxen rauschte und knisterte es. Durch die seltsamen Geräusche aufgeschreckt, begann Prinz, unruhig hin und her zu tänzeln. „Sch, sch! Sei brav, mein Guter!“, versuchte Lizzie, ihr Pferd zu beruhigen. Vergeblich! Mit einem lauten Wiehern bäumte Prinz sich auf, riss Lizzie die Zügel aus der Hand und stürmte davon. Dabei fiel eine der Boxen zu Boden. Funken sprühten, und die umgestürzte Box fing Feuer. Rasend schnell breiteten sich die Flammen auf dem Gelände aus. Ellie musste dringend ihr Team zu Hilfe holen.

Tatütata! Nur wenige Minuten später bog das kleine Löschfahrzeug Venus mit Feuerwehrfrau Penny und ihrem Kollegen Elvis um die Ecke.

Penny übernahm sogleich das Kommando. „Mike, du stellst bitte den Strom ab! Elvis, du löschst mit Venus die brennenden Boxen! Ich kümmere mich um die kleineren Feuer“, entschied sie.

„Und was ist mit Prinz? Er hat sich losgerissen. Was ist, wenn er die Laufstrecke kreuzt und jemanden umrennt?“, befürchtete Lizzie.

„Keine Angst! Sam und Polizeimeister Malcolm sind schon unterwegs“, sagte Penny, während Elvis bereits mit den Löscharbeiten startete.

An der Rennstrecke hielt Sam Ausschau nach den Teilnehmern. Da kamen auch schon Jodie und Krystyna. Dahinter folgten Hannah, Dilys und Mr Steele. Nur von Norman war weit und breit nichts zu sehen. Sam hob die Hand. „Es gibt keinen Grund zur Panik, aber ihr müsst die Laufstrecke kurz verlassen. Prinz ist durchgegangen“, erklärte er und führte die Gruppe hinüber zu Malcolm. „Hier entlang“, sagte Malcolm und schloss das Tor, nachdem die Läufer in Sicherheit waren.

Norman bekam von all dem nichts mit. Unbemerkt spurtete er wenig später an dem geschlossenen Gatter vorbei.

Inzwischen hatte Rose Ravani mit ihrem Pferd Kilo Prinz' Verfolgung aufgenommen. „Ich seh ihn, aber er wird einfach nicht langsamer", meldete die Polizeichefin per Funk an Lizzie.

„Versuchen Sie, mit Kilo vor Prinz zu kommen und dann stehen zu bleiben. Prinz wird nachmachen, was Kilo ihm vormacht", riet Lizzie.

Noch einmal trieb Rose Ravani ihr Pferd an, um sich mit ihm vor Prinz zu setzen.

„Komm schon, Kilo, das schaffen wir!", feuerte sie den Rappen an.

Und tatsächlich gelang es den beiden, Prinz zu stoppen. *Puh!*

Erleichtert gaben Sam und Malcom kurz darauf die Rennstrecke wieder frei. „Die Gefahr ist gebannt. Ihr dürft weiterlaufen, Leute“, erklärten sie und öffneten das Tor. Nacheinander kehrten alle auf die Strecke zurück. Im Zieleinlauf stieg indes die Spannung. Wer würde in diesem Jahr den Spaß-Spurt gewinnen? „Da kommt jemand angerannt. Es ist, ja, es ist …“, kommentierte Mike. Seine Stimme überschlug sich beinahe vor Aufregung. „Das ist ja absolut unglaublich! Es ist … Norman Price.“

Tosender Applaus ertönte, als Norman die Ziellinie passierte.

Feierlich überreichte Rose Ravani Norman den Siegerpokal.

„Trotz einiger Notfälle war das am Ende doch ein wunderbarer Pontypandy-Spaß-Spurt. Und wir haben einen Überraschungssieger. Herzlichen Glückwunsch, Norman!“, gratulierte sie.

Alle klatschten.

„Bravo, Norman! Du hast es geschafft“, jubelte Hannah.

„Weil ich die beste Trainerin der Welt habe. Danke, Hannah! Ich habe einfach nur gemacht, was du gesagt hast“, strahlte Norman.

„Und hast dich dabei auch nicht von einem ausgebüxten Pferd ablenken lassen. Ein wahrer Champion eben!“, ergänzte Hannah und lachte.

Brandneue Uniformen

Für den Nachmittag hatten sich Sarah, James und Hannah zu einem gemeinsamen Picknick verabredet. Mit prall gefüllten Rucksäcken machten sie sich auf den Weg in den Wald, wo ihnen Professor Pickles begegnete.

„Hallo, Professor Pickles! Was machen Sie denn hier?“, fragten die drei.

„Ich suche den uralten Pontypandy-Pfad, auf dem schon eure Urururgroßeltern gewandert sind, der aber leider in Vergessenheit geraten ist“, erklärte Professor Pickles und zeigte auf die vergilbte Landkarte in seiner Hand.

„Wow, das klingt aufregend! Dürfen wir mitkommen?“, bat Hannah.

„Sehr gern“, antwortete der Professor.

Zur selben Zeit versammelte Penny auf der Feuerwache ihr Team um sich. „Ich habe eine Überraschung für euch: Unsere neue Feuerwehruniform ist da! Wie ihr seht, trägt Ellie sie bereits“, verkündete Penny.

„Steht dir gut, Ellie“, sagte Elvis. „Aber ich mag meine alte Uniform lieber. Damit habe ich schon so viel erlebt.“

„Ach, Elvis! Du wirst auch die neue Uniform mögen. Sie hat so viele Vorteile: den stabileren Helm, die integrierte Lampe und vor allem die extrem reflektierenden Streifen“, zählte Ellie auf.

„Ich weiß nicht …“, murmelte Elvis zweifelnd.

Sarah, James und Hannah folgten währenddessen Professor Pickles immer tiefer in den Wald hinein. 
„Gleich wird es dunkel“, wisperte James ängstlich.
„Unsere Eltern machen sich bestimmt schon Sorgen“, fügte Sarah hinzu.

„Ihr habt recht. Wir brauchen Licht“, stellte Professor Pickles fest.
„Kommt, wir bauen uns eine Fackel! Habt ihr zufällig Öl dabei?“
„Ja, für den Picknick-Salat“, antwortete Hannah.
Geschickt wickelte Professor Pickles ein Tuch um einen Stock, tränkte es mit dem Salatöl und zündete es an. Fertig war die Fackel!

„So haben schon frühere Generationen Feuer gemacht“, bemerkte Professor Pickles stolz und schaute sich um. „Aber ich fürchte, das hier ist nicht der uralte Pontypandy-Pfad“, seufzte er.

„Vorsicht!“, schrie Sarah.

„Oh nein!“, stöhnte Hannah entsetzt. „Die Fackel hat die Zweige berührt.“ Rasend schnell breiteten sich die Flammen aus und sprangen von einer Baumkrone auf die andere über.

„Professor Pickles hat einen Waldbrand ausgelöst. Was machen wir denn jetzt?“, jammerte James.

„Wir bringen uns vor dem Feuer in Sicherheit und verständigen Onkel Sam“, sagte Sarah. „Er holt uns bestimmt hier raus.“

Sekunden später wurde in der Feuerwache ein Waldbrandalarm ausgelöst.
„Über dem Wald steigt Rauch auf. Und Sarah, James, Hannah und Professor Pickles sind irgendwo da draußen unterwegs“, meldete Sam. Sofort startete das gesamte Team mit Jupiter und Venus. *Tatütata!*
Während Sam und Ellie die Wasserschläuche ausrollten und Arnold die Löschkanone bediente, gingen Penny und Elvis in den Wald hinein, um die Vermissten zu suchen. Immer wieder mussten sie auf ihrem Weg kleine Feuernester ausschlagen.
„Haaallo! Sarah, James und Hannah, wo seid ihr?“, riefen sie.
Aber es kam keine Antwort.

„Wir teilen uns besser auf. Du suchst hier und ich dort drüben“, schlug Penny vor.

„Alles klar“, entgegnete Elvis und tastete sich durch den dichten Qualm weiter voran. Schließlich zeichneten sich vor ihm die Umrisse von Professor Pickles und den drei Kindern in der Dunkelheit ab.

„Penny, ich hab sie gefunden“, rief Elvis erleichtert.

„Sehr gut, Elvis! Dann bring sie alle zu mir herüber“, forderte Penny ihn auf. Elvis blinzelte in den dunklen Rauch. Wo war Penny? Er konnte sie im dichten Qualm nicht erkennen. Doch da leuchtete ihre neue Uniform plötzlich zwischen zwei Baumstämmen hervor.

Mit ihren neuen Lampen konnten Penny und Elvis die Gruppe sicher aus dem Wald herausführen.

„Es tut mir wirklich leid, dass ich die Kinder auf meiner Suche in Gefahr gebracht habe“, entschuldigte sich Professor Pickles bei Sam.

„Äh, Professor …“, unterbrach James die beiden. „Schauen Sie mal, was ich gefunden habe.“ Vor ihm auf dem Waldboden lagen ein paar zerbrochene Tonscherben und einige alte Münzen.

„James, du bist ein wahrer Entdecker. Du hast tatsächlich den uralten Pontypandy-Pfad entdeckt“, jubelte Professor Pickles.

„Damit hat unser Einsatz wohl ein dreifach gutes Ende genommen: Waldbrand gelöscht, Vermisste gerettet, Pontypandy-Pfad gefunden. Das war wirklich ausgezeichnete Arbeit“, lobte Sam sein Team.

„Dann können wir unsere neue Uniform ja jetzt wieder ausziehen“, meinte Ellie.

„Ich glaube, ich behalte meine einfach an“, überlegte Elvis.

„Heißt das etwa, du magst sie jetzt doch lieber als deine alte?“, fragte Penny schmunzelnd.

Sanft strich Elvis über die leuchtend gelben Streifen. „Auf jeden Fall“, antwortete er und strahlte dabei übers ganze Gesicht.

Der Segeltörn

Sarah, Norman und Hannah waren schon ganz aufgeregt. Denn sie durften mit Jodie und Charlie einen Segeltörn nach Pontypandy-Eiland machen. „Jodie, darf Peter auch mitkommen? Er ist neu in meiner Klasse“, fragte Hannah und zeigte auf einen Jungen mit einer coolen Basecap.

„Na klar!“, antwortete Jodie und begrüßte Peter, der mit seiner großen Schwester Krystyna an den Strand gekommen war. „Danke, Jodie“, freute sich Krystyna. „Ich hole Peter später wieder ab. Aber jetzt muss ich gleich los. Das Feuerwehrteam wartet schon auf mich.“

Unterdessen blickten Sam, Elvis, Penny und Ellie vor der Feuerwache gespannt in den Himmel.

„Krystyna müsste gleich mit dem neuen Rettungsflugzeug eintreffen“, meinte Sam.

„Da kommt sie“, rief Ellie.

„Wow!“, staunte Elvis und verfolgte gebannt die Landung.

Vorsichtig setzte Krystyna die Maschine vor dem großen, neuen Feuerwehr-Hangar auf und stieg aus. „Darf ich vorstellen? Das ist FireSwift. FireSwift kann so schnell und so weit fliegen wie ein Flugzeug, aber auf der Stelle starten und landen wie ein Hubschrauber“, erklärte sie stolz.

Am Strand liefen währenddessen die letzten Vorbereitungen für den Segeltörn.

„Ganz wichtig ist, dass ihr das Segel erst setzt, wenn alle an Bord sind und ihr wirklich startklar seid“, mahnte Jodie.

Doch Norman hörte ihr gar nicht zu. Er hatte nämlich alle Mühe, seinen Rucksack mit den leckeren Salami-Gurken-Sandwiches vor Buddler zu retten. „Lass los!“, schimpfte Norman den kleinen Hund. „Ich lenke ihn ab, indem ich ein Stöckchen für ihn werfe“, schlug Peter vor. Es klappte. Buddler ließ den Rucksack los und rannte dem Stöckchen hinterher. Schnell versteckte Norman seine Brotbox in einem der beiden Boote.

Niemand bemerkte, dass Buddler kurz darauf ebenfalls in das Boot sprang und sich gemütlich unter die Decke neben die Sandwiches kuschelte.

„Der Wind ist gerade perfekt, wir können los", sagte Jodie. „Bitte teilt euch auf die Boote auf!"

„Peter und ich nehmen das hier", beschloss Norman und machte sich sofort daran, das Segel hochzuziehen.

„Stopp, Norman! Die Segel erst hissen, wenn die Besatzung komplett ist", wiederholte Jodie.

Zu spät! Der Wind hatte das Segel schon erfasst und trieb das Boot mit so viel Schwung aufs Meer hinaus, dass Norman über Bord gefegt wurde. *Platsch!*

„Hatte ich es nicht gesagt?!“, stöhnte Jodie kopfschüttelnd.

„Guck mal, Jodie, da ist Buddler!“, rief Sarah aufgeregt. Tatsächlich saß der kleine Hund ganz allein in dem Boot, das draußen auf dem Wasser trieb, und schaute zu ihnen herüber.

„Und er hat meine Sandwiches“, jammerte Norman.

„Kein Problem, ich hole die beiden zurück – und Normans Brotbox“, lachte Peter und sprang in das zweite Boot.

„Nein, Peter, warte!“, wollte Jodie ihn aufhalten.

Aber Peter war schon unterwegs. Jodie blieb nichts anderes übrig, als die Rettungsaktion vom Strand aus zu beobachten.

Zuerst sammelte Peter Norman ein.
Dann nahmen sie gemeinsam Kurs
auf das Boot mit Buddler.

„Wir müssen noch ein bisschen näher ran.
Lass mich mal!“, sagte Norman und nahm Peter das Steuer aus der Hand.
Da donnerten die beiden Boote auch schon mit einem kräftigen Rumms aneinander. Das Boot, in dem Buddler saß, kippte um, und Buddler fiel ins Wasser. Auch Normans und Peters Boot schwankte bedenklich. Wasser schwappte über die Reling.

Immerhin gelang es Norman, den paddelnden Hund ins Boot zu ziehen.
Aber ihr Boot trieb immer weiter ab …

Am Strand blickte Jodie besorgt durch ihr Fernglas. „Das sieht nicht gut aus, Charlie. Sie werden es nicht allein zurück an Land schaffen. Und wir haben kein Boot mehr. Was sollen wir nur tun?“, wollte Jodie wissen.

„Wir informieren meinen Bruder. Feuerwehrmann Sam weiß immer eine Lösung“, schlug Charlie vor und setzte einen Notruf ab.

Wenige Minuten später startete FireSwift mit Krystyna am Steuer und Sam, Penny, Elvis und Ellie auf der Rückbank und nahm Kurs in Richtung Meer.

Inzwischen drang immer mehr Wasser in Normans und Peters Boot ein.
„Wenn nicht bald jemand kommt und uns hier rausholt, gehen wir unter“, jammerte Norman.
„Hab keine Angst! Ich bin sicher, die Leute am Strand werden uns helfen“, versuchte Peter, ihn zu beruhigen.
Auf einmal erklang über ihren Köpfen ein lautes Motorengeräusch.
„Was ist das?“, fragte Norman und rieb sich verwundert die Augen.
„Das ist meine Schwester mit FireSwift. Jetzt wird alles gut“, sagte Peter erleichtert.

Über ihnen öffnete Krystyna die Luke ihrer Maschine, damit Sam und Penny sich zu den beiden Jungs abseilen konnten.

„Hört zu, ihr zwei, wir setzen Buddler und euch jetzt in die Rettungsgurte und ziehen euch hoch, okay?“, erklärte Sam.

„Wartet noch kurz!“, bat Norman, als er sah, dass seine Brotbox direkt neben dem Boot schwamm. „Ich muss doch noch meine Salami-Gurken-Sandwiches mitnehmen.“ Kurzerhand fischte er die Brotbox aus dem Wasser. Als kurz darauf alle im Innern des Flugzeugs in Sicherheit waren, flog Krystyna sie mit FireSwift zurück in den Hangar.

„Peter, so hatte ich mir das Abholen vom Segeltörn eigentlich nicht vorgestellt“, sagte Krystyna mit ernster Stimme. „Das nächste Mal solltest du Hilfe holen, wenn jemand in Gefahr ist, und nicht alleine lossegeln.“

„Und kein Sandwich ist es wert, ein Risiko einzugehen, nicht einmal ein Salami-Gurken-Sandwich! Klar, Norman?!“, ergänzte Penny.

Die Jungs nickten brav.

„Ich wette, wir werden trotzdem richtig gute Abenteuer-Kumpel“, flüsterte Peter Norman verschwörerisch ins Ohr.

„Kumpel ja, aber bitte ohne Abenteuer“, seufzte Krystyna.

Feuerwehrmann Sam und Jupiter

Mutig, einfallsreich, hilfsbereit – das ist Feuerwehrmann Sam. Er behält in gefährlichen Situationen einen kühlen Kopf und hat für jedes Problem eine Lösung. Sein ganzer Stolz ist Jupiter – das große rote Löschfahrzeug.

Hauptfeuerwehrmann Steele

„Und stillgestanden!“, ruft Mr Steele, der Chef der Feuerwache, seine Leute zur Ordnung. Regeln und Grundsätze sind für ihn das Wichtigste. Und die versucht er, auch seinen Leuten beizubringen.

Penny Morris ...

... war lange die einzige Feuerwehrfrau in Pontypandy. Sie rettet, löscht und packt genauso zu wie die Männer der Wache. Penny fährt das kleine Feuerwehrauto Venus, um das sie sich auch mit viel Liebe kümmert.

Elvis Cridlington

Elvis, Sams Lehrling und Gehilfe, bewundert Sam und ist mit Leib und Seele Feuerwehrmann.

Helen Flood

Wenn es bei einem Unfall Verletzte gibt, ruft Feuerwehrmann Sam Helen Flood. Denn sie ist Pontypandys Krankenschwester und Sanitäterin. In Notfällen ist sie sofort zur Stelle und behält immer die Nerven. Aus der Ruhe bringt sie nur ihre Tochter Mandy, die viel Unfug im Kopf hat.

Tom Thomas

Wenn jemand in schwindelerregender Höhe in Not gerät, ist Tom mit seinem Helikopter sofort zur Stelle.

Joe und Lizzie Sparkes

Joe und Lizzie sind die Eltern von Hannah. Joe ist Automechaniker und hat eine eigene Werkstatt. Seine Frau Lizzie ist Tierärztin und leitet die Tierklinik von Pontypandy.

Arnold McKinley

Arnold McKinley kommt wie Ellie frisch von der Feuerwehrakademie nach Pontypandy. Er freut sich darauf, das Gelernte an der Seite von Feuerwehrmann Sam umsetzen zu können.

Ellie Phillips

Feuerwehrfrau Ellie Phillips hat genau wie Arnold ihre Ausbildung als eine der Klassenbesten beendet. Sie ist selbstbewusst und hoch motiviert.

Titan

Das Löschboot Titan hat zwei Wasserwerfer. Es pumpt das Löschwasser direkt aus dem Meer, daher braucht es keine Wassertanks.

Neptun

Ist jemand auf dem Wasser in Not geraten? Mit dem gelben Schlauchboot Neptun ist das Team schnell vor Ort.

Juno

Bei einem Einsatz auf dem Wasser ist Sam sofort mit dem Jetski Juno zur Stelle. Juno ist eines der Rettungsfahrzeuge in der neuen Wasserwacht.

Krystyna und Peter Kaminski

Krystyna ist eine erfahrene Pilotin, die zusammen mit Tom Thomas die Flugausbildung absolviert hat. Ihr Rettungsflugzeug FireSwift kommt bei besonders großen Feuern zum Einsatz. Krystynas jüngerer Bruder Peter ist furchtlos und geht gerne mal ein Risiko ein – zum Leidwesen seiner großen Schwester.

Dilys Price

Normans fürsorgliche Mutter ist Pontypandys Tratschtante Nummer eins. Sie betreibt den Supermarkt in Pontypandy. Norman mag es überhaupt nicht, wenn sie ihn „Mamis kleiner Liebling“ nennt.

Norman „Frechdachs“ Price

Norman wird es nie langweilig. Denn er hat stets verrückte Ideen. Oft bringt er sich dabei in Gefahr. Zum Glück ist Feuerwehrmann Sam immer rechtzeitig da, um das Schlimmste zu verhindern.

Charlie und Gwendolyn Jones

Das sind die Eltern von Sarah und James. Charlie ist Sams Bruder und von Beruf Fischer. Seine Frau Gwendolyn interessiert sich sehr für Magie und Zauberei. Zusammen betreiben die beiden das Kabeljau-Café.

Sarah und James

Die Zwillinge sind Feuerwehrmann Sams Nichte und Neffe. James möchte später auch einmal Feuerwehrmann werden – wie sein Onkel Sam. Er ist vorsichtiger als seine Schwester und verliert in kniffligen Situationen schon mal den Mut. Sarah dagegen mag es, wenn richtig was los ist.

Trevor Evans

Pontypandys Busfahrer lässt für eine gute Tasse Tee schon mal alles stehen und liegen – leider manchmal auch seinen Bus. Dennoch kann niemand dem fröhlichen Trevor böse sein.

Schnuffi

Der mutige Dalmatiner ist ein ausgebildeter Rettungshund. Mit seiner Spürnase hat er schon so manchen verunglückten Bewohner von Pontypandy gefunden und gerettet.

Ben Hooper

Ben ist speziell für die Küstenwache ausgebildet und Experte für die Seenotrettung. Er arbeitet in der Wasserwacht und unterstützt Sam und dessen Team bei Einsätzen auf dem Wasser.

Mike Flood

Gibt es was zu reparieren? Dann ist Mike, Mandys Vater, der richtige Mann. Es gibt fast nichts, was Mike nicht wieder in Ordnung bringen kann. Bei seinen Basteleien ist er aber mit dem Kopf nicht immer bei der Sache. So gerät er oft in gefährliche Situationen, aus denen Sam ihn retten muss.

Mandy Flood ...

... ist stets gut gelaunt und hat unzählige Ideen, die viel Spaß bringen. Doch oft handelt sie, bevor sie darüber nachdenkt, und sorgt damit immer wieder für Aufregung.

Rose Ravani ...

... ist Polizeihauptmeisterin der Pontypandy-Polizeiwache und die Vorgesetzte von Malcolm Williams.

Hannah Sparkes

Hannah braucht einen Rollstuhl, da sie ihre Beine nicht bewegen kann. Mit ihrer fröhlichen Art ist sie bei jedem beliebt.

Moose Roberts

Moose Roberts leitet den Bergsteiger-Erlebnispark. Er ist ein begeisterter Bergsteiger und verbringt seine Zeit am allerliebsten in der Natur.

Jodie Phillips

Jodie Phillips ist die ältere Schwester von Feuerwehrfrau Ellie. Sie liebt ihren Job als Meeresbiologin, ist furchtlos und hilft auch in der Wasserwacht aus.

Phönix

Das Kranfahrzeug ist immer dann im Einsatz, wenn schwere Hindernisse aus dem Weg geräumt werden müssen. Auch große Tiere, die in Not geraten sind, können mit dem Kran auf die Ladefläche gehoben werden.

Gareth Griffiths

Gareth ist Gwendolyns Vater und der Großvater von Sarah und James. Er ist der Lokführer des Pontypandy-Expresses.

Shadow

Shadow ist eine treue und energiegeladene Polizeihündin. Sie wird bei Such- und Rettungsaktionen eingesetzt und besitzt sogar eine eigene Uniform.

Malcolm Williams

Der Polizist ist aus der Großstadt ins beschauliche Pontypandy gezogen. Doch auch hier hat der Bruder von Helen Flood alle Hände voll zu tun und unterstützt tatkräftig Sams Team.

Merkur

Leuchtend gelb und blitzschnell – das Quad ist eines der Fahrzeuge der Feuerwache von Pontypandy. Sam fährt damit vor allem zu Einsätzen im Gebirge.

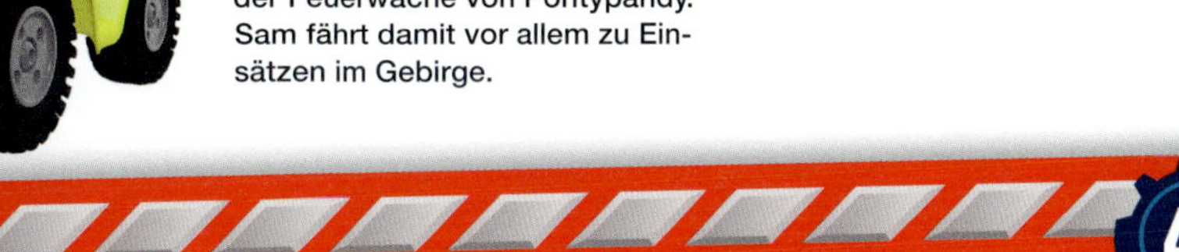

Die spannendsten Abenteuer

Bücher

ISBN 978-3-8332-4376-9

ISBN 978-3-8332-4225-0

ISBN 978-3-8332-4062-1

ISBN 978-3-8332-3869-7

ISBN 978-3-8332-4159-8

ISBN 978-3-8332-4381-3

ISBN 978-3-8332-4291-5

ISBN 978-3-8332-4154-3

ISBN 978-3-8332-4441-4

Überall im Handel und auf www.paninishop.de!

PANINI BOOKS